魔女学校の教科書

Lehrbuch für Hexenschule

西村佑子

静山社

# Begrüßung
# あいさつ

　みなさん、秘密の魔女学校にようこそ。
　私は魔女名をザーゲといい、昔、ドイツで魔女修行をしてきました。これまで、弟子にしてください、という依頼をたくさんいただきましたが、申し訳ないけれど、おことわりしてきました。私のもとで修行したからといって必ず魔女になれるとは限りません。それに魔女になるためのマニュアルなんてありません。私にできることと言えば、魔女になるための心がまえについてお伝えすることかしら。
　うれしいことに、それでもいいからレッスンを受けたいという声をたくさんいただいたので、その熱意に後おしされて、ここに魔女学校を開校することにしました。

　ところでみなさんは、魔女にどんなイメージをいだいていますか？　魔法が使えて空も飛べて、みんなに夢をあたえてくれる素敵な人。自然と親しい生き方をし、薬草の知識があって、困っている人の相談にも乗ってくれるやさしい人。そんな魔女になってみたいと思っているのではない

でしょうか。

　みなさんはそのような魔女についての知識をどこで手に入れたのでしょう。『グリム童話』や『魔女の宅急便』(角野栄子作)、『ハリー・ポッターと賢者の石』(J.K.ローリング作)などのお話の本や、ディズニー・アニメのような動画かしら。あるいは、"魔女になるためのレッスン"というような本から知ったのかもしれません。でも、それらはどれも、現実とはちょっとちがった、ファンタジーの世界の魔女ですね。

　ただし、ファンタジーの魔女といってもさまざまです。『魔女の宅急便』のキキとキキのお母さんは魔女ですが、「ヘンゼルとグレーテル」のお話に出てくるような、恐ろしい魔女ではありませんね。キキがお母さんから習う魔法は、薬草を育てて薬を作ることと、空を飛ぶことでした。

　ディズニー・アニメの「白雪姫」に出てくるお妃さまは、白雪姫を殺そうとして恐ろしい魔術を使います。でも同じディズニー・アニメの「シンデレラ」では、シンデレラにかぼちゃの馬車やガラスの靴をあたえてくれる、よい魔法使いのおばあさんが出てきますね。

　魔女は恐ろしい魔術も、よい魔法も使えるの？　魔女と魔法使いは同じではないの？　いったい本物の魔女ってどんなことをするの？　頭が混乱しそうですね。

　私の授業ではそのような謎を解き明かして、みなさんに

魔女の正体を理解してもらいたいと思っています。みなさんには、ここで魔女のことをたくさん学んで、魔女のスペシャリストになってほしいのです。

　魔女学校で学ぶときに必要なのは、魔女に対する深い興味と、「どうして？」という好奇心です。わからないことがあったら質問大歓迎ですよ。

　さぁ、授業の前に魔女の晩餐会があります。どんな料理がでてくるか楽しみにしてください。

## Stundenplan
# 魔女学校の時間割

### あいさつ
002

### 魔女の晩餐会
008
メニュー
魔女の大鍋／魔法の杖／魔女の黒板
魔除けのパン／魔女のデザート／魔女の飲み物
◇魔女の大鍋の作り方　012

### 1時間目
### 魔法入門
014

§ 魔法使いと魔女　§ 魔法と科学　§ 魔法の杖
§ 呪文　§ 魔除け
◇魔法の杖の作り方　024　◇占い水晶玉の作り方　026

### 2時間目
### 魔法の薬草入門
034

§ 2つの顔をもつ薬草　§ 魔除けの薬草　§ 不思議な薬草
§ 薬草と薬　§ 薬草と空飛ぶホウキ
◇空飛ぶホウキの作り方　052

## 3時間目
## 魔女の教養入門
058

§ 魔女が登場する話　§ 魔女がかかれた絵

### 魔女のティータイム
076

メニュー
魔女のお茶／魔女のケーキ

## 4時間目
## 魔女史入門
080

§ たくさんの神さまと1人の神さま　§ 魔女迫害(はくがい)

## 5時間目
## 現代の魔女入門
092

§ 歴史と向き合う魔女　§ 宗教(しゅうきょう)によりそう魔女
§ 自然とともに生きる薬草魔女　§ 夢をあたえる新しい魔女
§ 魔女とは

### さいごに
104

### 認定証(にんていしょう)
107

図版出典および参考とした主な文献一覧　109

# Hexenbankett
# 魔女の晩餐会

　大昔のことです。農耕にたずさわる人々は、冬から春に向かう夜、春迎えの行事として、近くの高い山に登り、自分たちの崇拝する神々に祈りました。冬の魔を追い払い、よき春の到来と秋の豊作を願ったのです。

　ところが、絶対的な力をもった1人の新しい神さまが世の中を支配するようになると、「神はただ1人だ。それ以外の神を信じることはゆるされない」という考えが強い力をもつようになりました。そして、古くからの神さまを信じる人は反社会的な人々であり、恐ろしいことをする悪魔や魔女だということになってしまったのです。

　多くの人々は、悪魔や魔女にされてはかなわないと、新しい神さまに従うようになりました。しかし、昔ながらの春迎えの行事をかくれて行った人々もいました。すると、その行事は、新しい神さまを信じない悪魔と魔女の忌まわしい集会、いわゆるサバト（黒ミサ）だということにされてしまったのです。

　サバトが開かれる夜に、魔女たちは悪魔のいる山頂へ飛

んでゆき、悪魔の尻にキスをして、自分たちがどんな悪いことを行ったかを報告し、その後で、飲み食い、踊りを踊ったと伝えられています。空想の世界ならありえるかもしれませんが、実際にこんな集会が開かれていたなんて、みなさんは信じますか。うそのようですが、当時は現実の出来事だと信じられていたのです。

　サバトは年に何回か決まった日に行われたと伝えられていますが、もっとも重要なサバトは4月30日の夜に行われる「ヴァルプルギスの夜」でした。20世紀になってこの夜を再現したイベントが、毎年4月30日の夜、ブロッケン山（ドイツ中部ハルツ地方）のふもとにある市町村で行われています。

　会場ではビールや蜂蜜酒、ソーセージ、キノコ炒めなどの屋台が出て、誰もかれもが飲んで食べて、踊って、夜中まで楽しみます。町には「ハルツの血」とか「魔女の大鍋」というギョッとするような名前のレストランがあり、メニューには「悪魔のステーキ」とか「魔女の一皿」、「ヴァルプルガ（ヴァルプルギスの名の由来となった尼僧）のポークカツ」などがあります。名前は気味が悪いですが、肉やジャガイモ、サラダなど、ドイツの郷土料理です。

　今日はそれを魔女風のメニューにして用意しました。

# Speisekarte
# メニュー

### 魔女の大鍋　Hexenkessel

魔女がなにやら気味の悪いものを入れた鍋をかき回している絵を見たことがありませんか。あの鍋が魔女の大鍋です。でも、今日の大鍋の材料はそのような恐ろしいものではありません。えんどう豆とベーコンをグツグツ煮た、こってりとしたスープです。おなかにたまりますし、寒い季節には身体も温まります。

### 魔法の杖　Zauberstab

ドイツにはいろいろな種類のソーセージがありますが、細くて長いフランクフルターソーセージは魔法の杖を思わせます。今日は20センチのものを用意しました。これをえんどう豆のスープを盛ったお皿にのせて一緒に食べます。

### 魔女の黒板　Hexentafel

ライムギで作った黒いパンです。フワフワしたパンではなく、ちょっとすっぱみがあり、かたいので、うすく切ってバターやジャムをぬったり、ハムやチーズをのせたりして食べます。今日は黒スグリ（ブラックカラント）のジャム

をつけましょう。黒スグリの果実は黒っぽい紫色で、ビタミンCが豊富です。

## 魔除けのパン　Zauberbrot
独特な形をしたブレーツェルはドイツのパン屋さんの看板によく見られます。形や名前の由来ははっきりしませんが、祈りを捧げる修道士の姿を表しているので魔除けになる、という説もあります。大き目の粒塩がのっていますが、食べる時は塩を落とします。悪い魔にとりつかれないよう、しっかり食べましょうね。

## 魔女のデザート　Hexennachtisch
アップェルシュトゥルーデル。こまかく切ったリンゴを砂糖とシナモンでじっくり煮込んでクレープの生地でしっかり巻き、オーブンで焼きます。焼きたての熱いうちに生クリームやアイスクリームをのせて食べます。熱さと冷たさが一緒になった不思議な感覚は、魔女のデザートにぴったりです。

## 魔女の飲み物　Hexentrunk
エルダー（ニワトコ）ジュース。ニワトコの花（エルダーフラワー）を使ったジュースがよく知られていますが、今日用意したのはニワトコの果実から作ったジュースです。赤い色の、スカッとした甘さのジュースですよ。

◇魔女の大鍋の作り方

　今夜のメニュー「魔女の大鍋」(えんどう豆のスープ)を作ってみませんか。作り方はさまざまありますが、私のレシピをご紹介します。

## 材料（2人分）

タマネギ　中1個

ジャガイモ　中2個

厚切りベーコン　100g

乾燥えんどう豆　150g（約8時間水につけておく）

コンソメスープのもと（固形）　2個

クローブ　1個

ローリエ　1枚

市販のブーケガルニ　1袋

水　700ml

サラダ油　適量

塩、コショウ　少々

## 作り方

①鍋にサラダ油を熱し、みじん切りにしたタマネギをしっかり炒め、さらに賽の目切りにしたベーコンを加えてよく炒める。

②水、えんどう豆、クローブ、ローリエ、ブーケガルニを加えて弱火で煮る。

③豆がやわらかくなったら（約50分）、コンソメスープのもとと賽の目に切ったジャガイモを加え、ジャガイモが煮くずれるくらいまで煮る。

④最後に、塩、コショウで味を調える。

Die erste Stunde
Einführung in die Zauberei

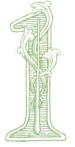

1時間目

# 魔法入門

　最初の授業は魔法についてです。みなさん、期待に胸をはずませているようですね。魔法と聞けば、ワクワクしますものね。

　みなさんは、もし魔法が使えたらどんな魔法をかけたいですか？　魔法には、夢を叶えてくれる素敵な魔法だけでなく、悪いことに使われる、よくない魔法だってあるはずです。もちろんみなさんは、よい魔法をかけたいと思っていますよね？
　だったら、よい魔法と悪い魔法のちがいって何なのか、考えてみましょう。そのためにはまず、昔の魔女たちがど

んな魔法を使ったのか学んでいきましょう。

### §魔法使いと魔女

　魔法とは、一口でいえば、ふつうの人間にはできない不思議なことをする術ということになります。そういう術を魔法、魔術、呪術、妖術というのです。エッ!?　魔術ってちょっと怪しいし、呪術とか妖術ってかなりこわい、魔法がいいなぁ、と思うでしょう。でも、実はこれらの日本語は、英語に置きかえると、ほぼ「マジック（magic）」という言葉になるのです。魔法も呪術も同じ「マジック」なのです。そう、手品のこともマジックと言いますね。確かに、たくみなマジシャンの手品は、まるで魔法のようですものね。

　魔法をあつかう人を魔法使いと呼びます。ただし、魔法使いには、その人自身に魔力がある場合と、なにかしらの魔力をもつ道具を使って魔法をおこす場合の、2通りがあります。

　魔力や魔法使いについては、大昔からいろいろな書物で伝えられています。北欧の神話には、変身できる神さまや空を飛ぶ魔法の道具を持っている神さまなどがたくさん出てきます。
　古代ローマの小説には、フクロウやロバのような動物に

変身する女魔術師の話がありますが、その術を使うには薬草から作った飲み物が必要でした。

みなさんもよくご存じの『グリム童話』の場合ではどうかというと、魔女はたいていが「呪う」という方法で、相手をカエルや木や石に変えますね。このとき、魔女は何の道具も使わずに魔法を使います。しかし、中には魔法の道具が出てくる話もあります。「ご飯のしたく！」と言えばいくらでも料理が出てくる魔法のテーブルや、「白雪姫」に登場する不思議な鏡がそうですね。

『グリム童話』のほかにも、『アラジンと魔法のランプ』のランプや、おなじみの「どこでもドア」、アニメによく出てくる「魔法の杖」なども魔法をおこす道具です。しかも、それらは魔法使いでなくても使えるというのがうれしいですね。

つまり、そのような魔法の道具を手に入れることができれば、誰でも魔法使いになれるのです。

では、そのような道具はどこにあるのでしょう。みなさんは見たことがありますか？

お話の中に出てくる魔法の道具は、そういうものが実際にあったらいいなあという人々の願望によって生み出された、空想のもののように思われます。

でもがっかりしないでください。昔、人間は鳥のように空を飛びたいと思ったけれど、それは不可能だったので、かわりに飛行機を発明しました。ですから、これからの科学の発展によって、魔法の道具と同じような力を持ったものが作られるかもしれませんよ。

マルタン・ル・フラン著『貴婦人たちの擁護者』（1451年頃）より。
空を飛ぶ魔女としてえがかれた最初期のもの

さて、一方で、道具にたよらずに自らの力で魔力をおこす能力を持った魔法使いの場合はどうかというと、童話の中では変身の術を使うことが多いようです。自分や相手を主に動物に変身させます。うっかりして元にもどれなくて苦労する話もありますね。

私には特に変身したいという願望はありませんが、みなさんはどうですか。変身の術が使えたら、何に変身したい

ですか。

　変身の術もそうですが、魔法は、実際にそういう現象が目の前で起きなければ、魔法が使われたかどうかわかりません。仮に何か不思議なことが起こった場合でも、それはそういう能力を生まれつき持っている人が起こしたことなのか、あるいはこの世ではまだ解明されていない未知の力によるものなのかはわかりません。
　ふつうの人間でも努力と厳しい訓練をすれば魔力を手に入れられるのかというと、それはかなりむずかしいことだと思います。魔力については、まだ解明されていないことが多々あります。

　では、私たちに魔力も魔法の道具もないとしたら、どうしたらいいのでしょう。
　柔軟な発想や想像力をみがくことも魔女のレッスンでは大事なことです。こんな魔法の道具があったらと空想してみましょう。どんなアイデアがうかぶでしょうか。

　私は"魔法の鏡"のようなものがあればいいなあと思います。それは「白雪姫」に出てくる「あなたがこの国でいちばん美しい」とか「白雪姫のほうが千倍も美しい」なんて、美しいとかみにくいという表面的な判断をする鏡ではありません。たとえば、とても悲しかったり、つらかった

りするときに、元気になれる言葉をかけてくれる鏡です。みにくい気持ちをおさえられないようなとき、鏡はやさしく諭してくれます。つまり、私の心の動きにこたえてくれるような、そんな鏡がほしいですね。

　みなさんも考えてみてください。

§魔法と科学
　今なら科学で解き明かされている現象も、昔は魔法だと思われていたことがありました。

　たとえば、雨上がりに空に向かい、両手を大きく広げて立っていたら、見事な虹があらわれたとします。虹が発生する仕組みを知らないひとにしたら、魔法を使ったと思うかもしれません。あるいは、日照りが続いて困っているとき、高い山の上で火を焚いて祈ると雨が降ってきました。これも科学的に説明できます。火の熱によって上空に雨雲を呼び起こすことができたのです。

　しかし、すべての現象が科学で解明できるわけではありません。はたして魔力というものが本当に存在するのか、魔力は科学で解明できるものなのか……その答えが出るまでには、まだまだ長い長い年月と研究が必要でしょう。

　それでもひとつ、これだけははっきりと言えます。たと

えば、みなさんはときに怒ったり、泣いたり、喜んだりしますね。これも魔法のひとつです。顔の表情や感情の変化というのは、みなさんの心がおこす魔法なのです。このような魔法は心の中にある魔力なのです。人それぞれに備わっています。これは大切にしたい力です。

　月に人類が到達して、月にはウサギはいなかったということがわかりました。それでも、私たちの心のどこかでは、今も月の世界ではウサギがもちつきしているし、かぐや姫もいるのです。科学的な立場から見れば、古い時代にくらべて魔法の力もだいぶ弱まってしまったようですが、空想する力や感情の動きといった私たちの心の中にある魔力は不滅なのです。

魔女の家。煙突から飛びだす魔女たちの様子を戸のすきまから男がのぞいている。
トマス・エラストゥス著『魔女の力についての対話』（1579 年）より

## § 魔法の杖

　魔力を持った人でも、魔法をおこすために道具を使うことがあります。その代表が魔法の杖です。

　魔法の杖にまつわるエピソードを見てみましょう。今から数千年前、この世界の誕生からイエス・キリストが生まれる前までの歴史を記した『旧約聖書』の中のお話です。

　エジプトに住んでいたイスラエル人はエジプト王（ファラオ）の支配に苦しみ、エジプトから出ていきたいと王に願い出ますが、王は許しません。そこでイスラエルの神エホバは指導者モーセに魔法の杖を渡しました。
　モーセと兄のアロンはその杖で不思議な技を次々と繰り出します。たとえば、その杖をヘビに変えたり、杖でナイル川の水面を打つと、川の水は血に変わり、ひどいにおいとなり、魚は死に、川の水を飲むことができなくなりました。あるいは、カエル、ブヨ、アブ、イナゴを呼びだしたりしました。
　エジプト王も国じゅうの「呪術師」を呼び集めてそれに対抗します。この「呪術師」という言葉は日本語の訳です。英語の聖書では「マジシャン（magician）」です。
　さらには疫病を流行らせたり、雹を降らせたりして、王を懲らしめますが、王の心はかたくなで、出国を許しません。最後は神エホバが町じゅうに火を放ち、イスラエル人

はモーセの指揮の下、ついにエジプトを脱出します。
『旧約聖書』の中でも、もっとも読み応えのある章のひとつです。

モーセが杖を振り上げると、海の水が割れて通り道ができた。モーセの奇跡のひとつ。
4世紀中頃、ピア・ラティナのカタコンベ壁画より

この杖はどんなものだったかというと、アーモンドの木だったのではないかと推測されています。アーモンドは枝を水につけておくだけで芽を吹くことから「再生の木」と呼ばれています。

きっとみなさんの愛読書ではないかと思いますが、あの『ハリー・ポッター』にも魔法の杖がたくさん出てきます。ハリーの杖はヒイラギの木です。お父さんの杖はマホガニー製で、変身術に最高の力を発揮したそうです。
そのほかに、ディズニー・アニメの「シンデレラ」にも魔法の杖が出てきます。かぼちゃを馬車に変えたり、ネズ

ミを御者にしたりします。うっとりしてしまう場面ですね。
　こうしてみると、魔法の杖ってすごいでしょう？

　しかし、もし、みなさんが魔法の杖を手に入れることができたとしても、自分のためだけに使うようにしてください。勝手に魔法をかけられる相手の迷惑も考えないとね。
　たとえば、「〇〇さんが今度のクラス委員になりますように」とか「△△君が私を好きになりますように」なんて願いをかけられて、もし魔法の杖が本物だったら、どうかしら。〇〇さんがクラス委員になりたいかどうかはわかりません。△△君はほかに好きな人がいるかもしれないでしょう。
　他人の意思まであやつるのはいけないことです。自分にかけた願いなら、それがおかしな結果になっても自分の責任ですから、覚悟していろいろ試してみるのもいいでしょうけどね。

◇魔法の杖の作り方

　魔法の杖を作るには、魔女らしく何か儀式を行ったほうがいいですか？　なんて考えないでください。どんなときにも言えますが、儀式というのはどうしても型にはまってしまう恐れがあります。こうしなければ、ああしなければ……とかね。杖作りに儀式など必要ありません。どんな杖にしようかなとイメージしながら、心を集中させて、作ることを大いに楽しむことです。それが儀式よりも大切な魔女の心がまえです。

材料

細長い棒状のもの　20cm前後
（棒状のものならなんでもかまいません。たとえば丸い鉛筆や箸など）

アクセサリー用の羽根
あれば小さな鈴
必要に応じてマスキングテープなど

作り方

魔法の杖は微妙な曲がりをした木の枝がいいのですが、手を傷つけないように表面をなめらかにするのが大変ですし、探すのも一苦労するかもしれません。そこで、身近にあるもので代用しましょう。
棒に模様をつけたかったら、マスキングテープを使って工夫します。棒の先にアクセサリー用の羽根など好きなもの

を取りつけます。鈴があればつけましょう。
机の上に飾っておいて、好きなときに一振り。羽根がおこす魔法の風、鈴から聞こえる魔法の音を楽しみましょう。

◇占い水晶玉の作り方

　魔女の持ちものは杖だけではありません。水晶玉の前で妖しい手つきをしてなにやらつぶやくと玉の中に未来が見える……というのは魔術の定番ですが、楽しくて役に立つ占い水晶玉を作ってみましょう。

## 材料

ワイングラス
（できるだけ口が小さく丸型のもので、脚が短く、台座のしっかりしたもの。あるいはコップなどでもかまいませんが、球形は完全な世界を表しますので、どこか一部分でも丸い形になっているものがよいでしょう）
マスキングテープ、またはシール
半紙
色画用紙

## 作り方

ワイングラスの表面にマスキングテープやシールを張って、中が見えないようにします。
次に、半紙を細長く切って、みなさんが大切にしているものや気になることなどをいくつか書いて、筒状に巻きます。たとえば「友だち」「猫」「本」「野菜」「水」「宿題」「テスト」「ケーキ」など、なんでもいいのです。それをグラスの中に入れます。
色画用紙をグラスの大きさに合わせて丸く切り、さらに1か所だけ目の形に切り取ります。この目は、まつ毛がばっ

ちりの大きな目、上がり目、下がり目、一重まぶた、二重まぶたなど、好きな形にしましょう。その画用紙でグラスの口の部分をフタのようにふさぎます。

グラスをさかさまにして振ると、その目の部分から巻いた半紙が1つだけ出てくるように作ります。

夜寝る前に「明日は何を大切にしたらいいですか」と唱えながらグラスを振り、中から出てきた紙を開いてみましょう。たとえば、「猫」と書かれていたら、明日は猫を大切にする日です。道ばたで猫に会ったらあいさつしましょう。「ケーキ」だったら、明日のおやつはもちろんケーキです。一口一口味わって大切に食べましょう。「テスト」だったら、よく寝て体調を整えておきましょう。

§呪文

　魔法の杖を振るときや、占いをするときには、呪文を唱えたほうが効果的なのではないかと思うかもしれませんね。みなさんはどんな呪文を知っていますか。

　「アブラカタブラ」や「エロイムエッサイム」は世界的に有名な呪文です。『アリババと40人の盗賊』に出てくる「開け、ゴマ」も呪文です。「チチンプイプイ、痛いの痛いの飛んでけ」は日本の呪文です。『ハリー・ポッター』にもたくさん呪文が出てきます。

　19世紀に、メルゼブルク（ドイツの都市）の大聖堂で、古い呪文の書かれた写本が発見されました。その中のひとつは、北欧神話のいちばんえらい神さまオーディンが脚をくじいた馬に向かって「にかわ（接着剤）でくっつけたようになれ」というものでした。
　なんだ、これでいいんだ、と思いますが、呪文は案外そのようなものばかりです。これならかんたんに作れそうですね。みなさんも好きな呪文を作ってみましょう。空を飛びたいと思っているなら、ホウキにまたがって「上に飛べ、上に飛べ。下には落ちるな」みたいにね。

　ただし、呪文はどんなときに唱えたらいいのか、その呪文によってどんな結果が生まれるのか、ということも考え

なければなりません。

みなさんはてるてる坊主を作ったことがありますか。「てるてる坊主、てる坊主、明日天気にしておくれ」という童謡がありますが、これも呪文の一種です。このあとには、もしもてるてる坊主が願いを叶えてくれずに雨だったら首をちょん切るぞ、といったおそろしい歌詞が続きます。

私は昔から手作りのてるてる坊主を使っていて、旅先には必ず持っていきます。そうすると80パーセントの割合で晴れます。雨だったら頭を軽くたたいておしおきをします。

しかし、最近思うのですが、ひょっとしたらその日は雨になってほしいと思っている人もいたのではないか。たとえばお米を作っている農家の人にとって、梅雨時の雨は待ちに待っためぐみの雨かもしれません。そう思うと自分の行為が身勝手だなと思うのです。

自分にとって良かれと思ったことも他人には不都合なこともあるのです。「呪い」は「のろい」とも「まじない」とも読みます。呪文は、他人を「呪う」のではなく、自分をはげます「お呪い」でありたいですね。

## § 魔除け

魔除けというものは、いつの時代にも、世界じゅうどこにでもあります。自分の力ではどうにもならない「魔」か

ら逃れるために、人々によって考えだされたものです。

　今、みなさんにとってさけたい「魔」とはなんでしょう。たとえば、交通事故はさけたい「魔」ですね。山や海の遭難もさけたい「魔」です。神社ではそのような「魔」をさけるお守りが売られています。これも魔除けのひとつです。迷信とみなされがちですが、それを身につけたり、家や戸口に飾ったりすることで心が休まるなら、私はいいと思います。

　また、「いじめ」や「悩み」もさけたい「魔」ですね。そのための魔除けを自分で作ってみましょうか。

　どんな形でもいいし、何を使ってもいいのですよ。お店などで売っている魔除けのペンダントとか置物などには素敵なものもたくさんあります。それはそれでよいのですが、あれもこれもと安易に買い求めないで、自分のためだけの魔除けを考えて作ってみるのがいいでしょう。

　たとえば、24色のクレヨンを魔除けに使うこともできますよ。毎朝クレヨンの箱を開けて、「今日1日私を守ってくれるのは何色かな」とつぶやいてから、これと思う色を選び、その日に使うノートかダイアリーの片隅に小さくチェックを入れます。これでじゅうぶん魔除けになってくれます。

　かんたんでしょう？　さぁ、みなさんだったら、どんな魔除けを考えだすかしら。

誰かのマネをしたらダメですよ。自分のために自分で考えること、それも重要な魔女修行です。


　この授業の最後に、みなさんに考えていただきたいことがあります。
　魔法はほんとうに私たちを助けてくれるものなのでしょうか。

　たとえば、工事現場のそばを歩いていて、上から何か大きなものが落ちてくる、車が登校とちゅうの列に突っ込んでくる。そんなとき、時を止める魔法が使えたら、と思いますね。
　私もそう思います。でも、悲しいことにそれは出来ません。時を止めたり動かしたりすることは大変危険なことです。
　むずかしくなりますが、私たちは時間の流れに従って生きているのです。勝手に時間を動かせば、時間の流れは混乱し、この世の秩序はこわれてしまいます。
　魔法はみなさんの胸のうちに秘めておく、素晴らしい夢のかたまりにしておくのがいいのです。

Q 魔女修行に大切なものはなんですか？

A
修行は道具や儀式にたよればできるというものではありません。まずは、ひたすら自分の心と向き合うことから始めます。そのとき、心しておきたいことがあります。まわりの雰囲気や情報に流されないようにすること、やたらと群れをなしたりしないで、立ち止まって考えることです。
妬みや怒り、意地悪な気持ち、自分はダメな人間だと否定したくなる気持ち、そういう弱い心に打ち勝つ力をつけるのが修行です。魔女はなんの悩みもなく無心でいられるなんてありえません。人間修行と同じです。そのためには生きていなければなりません。なにより命を大切にすることです。
私の言っていることはむずかしいでしょうか。今すぐにわからなくてもいいですから、覚えておいてくださいね。


Q 魔女には、星座占いとかカード占いの知識は必要ないのですか？

A
占い師と魔女は別ものです。占いをしている魔女もいます

が、占いができなければ魔女ではないというものではありません。


Q 魔女には、魔法の杖だけでなくホウキも必要ですか？

A
この質問については、2時間目の授業でお話しします。

Die zweite Stunde
Einführung in die Zauberkräuterkunde

2時間目
# 魔法の薬草入門

この花はなんという花か、知っていますか？

ラベンダーです。とてもよい香りがしますね。乾燥させても香りが消えないので、匂い袋に入れて身につけたり、

クローゼットの中に吊るせば防虫にもなるんですよ。枕の下に置けば安眠効果も期待できます。香りだけでなく、ラベンダーはお茶や調味料としても使われますし、胃のむかつきをおさえたり、頭痛をやわらげたりと、とても役に立つ植物です。

　このようにさまざまな効用のある植物を「薬草」といいます。今は「ハーブ（herb）」という英語でよく知られています。ハーブの中には、魔法の力があると言われているものがたくさんあります。
　たとえば、みなさんもよく知っているミント（ハッカ）は、強い香りがするので魔除けに使われました。また、香辛料としてピザなどのイタリア料理によく使われるオレガノ（ハナハッカ）というハーブがありますが、この花を輪にして頭にのせると、飛んでいる魔女の姿が見えるとか、地面にこの花で輪を作れば、その中には魔ものが入れない、といった言い伝えがあります。

　ハーブに魔除けや魔法の力なんて、本当にあるのでしょうか。魔女はハーブの知識があると言われていますが、はたしてどうでしょう。2時間目の授業は魔法のハーブと魔女についてお話をします。

## §2つの顔をもつ薬草

　江戸時代の外科医華岡青洲は、世界で初めて全身麻酔による手術を行いました。そのときの麻酔薬は、猛毒をふくむチョウセンアサガオなど6種類の薬草を調合して作られたものでした。植物の毒は、その量や使い方によってすばらしい効果をあげるのです。

　毒性があるけど役にたつという薬草はたくさんあります。その代表が猛毒植物のアサとケシです。日本では個人で栽培することは法律で禁止されています。アサの樹脂からはマリファナが、ケシの実から出る乳液からはアヘン、ヘロイン、モルヒネが作られます。これらは激しい幻覚症状を起こしますが、鎮痛効果は抜群なのです。

アサ（アサ科）：有毒植物。
アサの実は七味唐辛子やパンのトッピングなど食用になる

ケシ（ケシ科）：有毒植物。未熟な果実から出る乳液のようなものが恐ろしいアヘンになる。しかし、成熟した果実からとれるケシの実（ポピーシード）は食用になる。園芸用のケシには毒性がない

　ベラドンナという植物の実は黒飴みたいでなめてみたくなりますが、10粒も食べたら死んでしまうという猛毒植物です。でも、この植物の汁には瞳孔を開く力があるので、目の手術をするときには都合がよかったのです。

ベラドンナ（ナス科）：有毒植物。中世ドイツの尼僧ヒルデガルトは著書の中で、ベラドンナがしげるところには悪魔がやってくると言っている

カノコソウは有毒植物ではありませんが、乾燥させた根は猛烈にくさいので"魔女の草"の仲間にされています。しかし、非常にすぐれた睡眠効果があります。

セイヨウカノコソウ（マメ科）：根の強烈なにおいはネズミを引きつけるらしく、エサにまぜてネズミ捕獲に使うこともあったそうだ

このように、薬草には2つの顔があります。薬草は別に人間のためにあるわけではないのに、人を殺しも助けもするのです。自然のもっている力ってすごいですね。

まだ現代のように医療が発展していない頃は、誰もが薬や病気についてくわしく知っていたわけではありません。ですから、薬草の知識がある人が、こういった薬草の毒の成分をうまく使って病気を治せば、なんてすばらしい魔法を使ったのかと思われたことでしょう。

でも、誤って死なせてしまったりすれば、恐ろしい魔術を使った魔女だと思われました。

つまり、薬草の知識があるから魔女だと言われたのではなく、薬草から恐ろしい薬を作り、それを使って悪い魔術を行ったと疑われてはじめて「あの人は魔女だ」と言われたのです。

猛毒をもっていたりにおいのきつかったりする薬草を"魔女の草"と呼ぶように、魔女は恐ろしいことをするものだと思われていたのですね。

§魔除けの薬草

先ほどもお話ししましたが、いつの時代でも、どこの国でも、人々は魔にとりつかれることを恐れて、魔除けを欲しがります。キリスト教の国では、聖人の像を彫ったメダルをお守りとして身につけますし、お店でも魔除けの呪文を書いた紙を入れたお守りやペンダントが売られています。

しかし、このように手を加えたものではなく、そのままで魔除けの効果があると古くから思われていたものがありました。それは、香りの強いものや、魔ものがさけたくなる形の植物でした。

香りの場合は、よい香りのものと、反対に鼻をつまみたくなるようなくさいにおいのするハーブが魔除けになります。吸血鬼がニンニクに弱いのはあの強烈なにおいのせいです。

形から魔除けになったものとしては、とても分かりやすいのがクローバーです。三つ葉の「3」は、三位一体（唯

一の神は父と子と聖霊の3つの姿となって現れるというキリスト教の考え方）を表す聖なる数字です。また、四つ葉は十字架を思わせる形から魔除けとみなされたのです。魔ものは十字架に弱いのです。

クローバー（マメ科）：シロツメクサのこと。
葉はふつう3枚だが、まれに4枚のものがある。
これを見つけると幸運がおとずれるという

また、葉のふちがギザギザしたヒイラギも魔除け草です。日本でも、節分にヒイラギの枝にイワシの頭を刺して玄関に飾る風習があります。この飾りを見た鬼は、ヒイラギのトゲに目を刺されないよう逃げるそうです。イワシの頭は、焼く時のにおいとけむりを鬼がきらうとか、あるいはそのにおいで鬼を誘い出すとも言われています。

セイヨウヒイラギ(モチノキ科):クリスマスの飾りに使われる。
日本のヒイラギはモクセイ科で、葉のつき方や実の色(暗い紫)がちがう

　同じくトゲをもつイラクサも呪いを解く力があると伝えられています。香りや形が魔除けの決め手になるのは、西洋でも日本でも同じなんですね。

セイヨウイラクサ(イラクサ科):アンデルセン童話「野の白鳥」には、主人公がイラクサでシャツを編む場面がある。さぞかし痛かっただろう

## §不思議な薬草

みなさんは「マンドラゴラ」という植物の名前を聞いたことがありますか。『ハリー・ポッター』でよく知られるようになった「マンドレイク」のことです。引きぬくと、根は「ひどくみにくい男の赤ん坊」の姿をしていて、恐ろしい泣き声をあげるので「耳当て」をつけなければならなかったという、あの植物です。

マンドラゴラ（ナス科）：マンドレイク（英語）に同じ。
根には細い毛のような根がたくさんついているので、掘り出しにくそうだ

あまりにも奇妙な植物なので、あれは架空の植物だと思われているようですが、マンドラゴラという植物は実際にあるのです。ナスの花に似た花が咲き、実が成るまで7年から8年かかるので、育てるのにやっかいな植物です。種子には毒成分があります。

マンドラゴラには春咲きと秋咲きがある。
春咲きの花は紫褐色で、秋咲きは濃い紫色

　マンドラゴラは古代エジプトですでに栽培(さいばい)されていました。主に異性(いせい)をひきつける効果(こうか)があると言われていました。また『旧約聖書(きゅうやくせいしょ)』にも出てきます。そこでは受胎(じゅたい)(妊娠(にんしん))効果(こうか)があるとされていました。

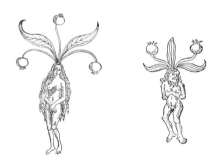

このような絵がかかれたのは、
マンドラゴラにはオスとメスがあるという古い言い伝えがあったからだ。
それにしてもオスはメスにくらべてなんとも貧弱なのがおかしい

ところが、いつのまにか恐ろしい言い伝えのある植物に変わっていったのです。掘り出すときは儀式が必要だとか、イヌを使って掘り出すとか、根は人間の姿をしているとか、マンドラゴラの根を持っているのは魔女だとか、いや、あれは魔除けになるのだからと高い値段で取引されたりもしました。実際の植物が、完全に作り話の植物になったのです。

ロープでマンドラゴラの根とつながれた犬が動くと、ロープが引っ張られて根がぬける。そのとき根があげる悲鳴のすごさで犬が即死してしまうというから、犬がかわいそう

　私はマンドラゴラの根をいくつも見ていますが、言い伝えにあるような人間の姿にはあまり似ていませんでした。それでも、ミュンヘン（ドイツの都市）の博物館でマンドラゴラの根っこに服を着せたものを見たときは、いかにも人間みたいで、それを部屋の中に飾っておけば魔除けの効果がありそうに思えました。

服を着たマンドラゴラ。お守り用。ドイツ博物館（ミュンヘン）

　魔法や魔女とは直接むすびつきませんが、マンドラゴラよりももっと恐ろしい言い伝えを持つ植物の話があります。
　東洋のどこかに、ワクワクの木が生えているワクワク島という島があって、この木が果実をつけるようになると、その実から若い娘が生まれてきます。娘はやがて「ワクワク」と悲しい叫び声をあげて地上に落下して、黒くしなびて死んでしまうそうです。

　私はこの恐ろしい話を知ったとき、フクシア（アカバナ科）という植物のことを思いうかべました。赤いドレスを着た踊り子にそっくりの花が、枝からいくつも吊り下がって咲きます。その愛らしい姿を見ていると、ワクワクの木のような恐ろしい言い伝えばかりでなく、この花にまつわる何かロマンチックなお話があったらなあと思うのです。

このほかにも、不思議な植物はたくさんあります。たとえば、すきとおった真珠みたいな実をつけるヤドリギは、ほかの木に寄生して生えるので、土に触れることはありません。それが清らかなイメージとむすびついたのでしょうか、古代では神聖な儀式のときに使われました。

ヤドリギ（ビャクダン科）：主にポプラやリンゴの木に宿る。
イギリスではクリスマスツリーに飾り、
その下に立つ女性にはキスをしていいらしい。ご注意！

　また、約4億年も前からあって、絶滅も進化もしないシダも不思議な植物です。シダの胞子（嚢）は剣から身を守り、恋を成就させる力をもつと信じられ、このような魔力を使う目的で胞子を集めることが禁止された時代もありました。

シダ（シダ植物門）：花が咲かないので種ができない。
胞子で増える植物である。葉が開く前は同じシダ植物のワラビに似ている

　不思議な植物や魔法の植物について書かれた本はたくさんありますので、みなさんも読んでみてください。植物の世界は本当におもしろいですよ。

§薬草と薬
　熱が出たり、がまんできないほど歯が痛くなったりしたとき、みなさんは薬を飲みますね。
　昔の人はどうしたのでしょうか。もちろん薬を飲みましたが、その薬は主に薬草から作られたのです。

　ヨーロッパの場合、そのような薬作りに大きな役割を果たしたのが修道院でした。修道院には昔から巡礼者用の宿泊施設があり、旅のとちゅうで病気になった人を受け入れ

ていました。病院も兼ねていたのです。
　修道院というのは自給自足の世界です。建物から着るもの、食べるものまで、すべて自分たちで作るのです。ですから、修道院には菜園や薬草園がありました。菜園には菜っ葉や根菜などの食用野菜が植えられました。薬草園では薬になる成分を持った薬草が栽培されていました。
　大きな修道院の図書館には立派な植物学の本がたくさんあり、修道士はそこから薬草の知識を得ました。また、よその国の修道院をおとずれることがあれば、めずらしい薬草を持ち帰り栽培しました。こうして効き目のある薬が作られていったのです。

　もちろん、薬は修道院以外でも作られました。薬草についてくわしい知識と豊富な経験を持った民間の人々も、薬を作っていたのです。

　いま私たちが飲んでいる薬の元はこのような薬草でした。しかし、痛みによく効く薬草を練って飲むとすると、もちろん効果はありますが、そのままでは保存もきかないし、たくさん作るには大量の薬草を栽培しなければなりません。そこで、その有効な成分だけを摂取できるように合成して作られたものが現代の薬なのです。
　どの薬草が猛毒をもっているのか、その猛毒もどのくらいの量なら薬としての効果があるのかを知るまでには、と

ても長い年月がかかったでしょう。ときには犠牲者もでたことでしょう。このような薬の生い立ちを知ると、薬を作ってきた人たちに感謝せずにはいられませんね。

　しかし、私たちが薬局で買う薬は、ある期間保存できますし、効果もいちじるしいのですが、ときには大きな副作用をもたらすこともあります。20世紀になって、薬品の弊害に対しての意識が高まり、身体にやさしい効き目をもたらす、昔ながらの薬草の素晴らしさも見直されるようになりました。
　もちろん、薬草がすべての病気に対応できるわけではありませんが、症状に応じてハーブティを飲んだり、薬草から抽出したオイルを傷にぬったり、身体をマッサージしたり、というような自然に近い療法が注目を集めています。

　薬草のもっている力って、素晴らしいと思いませんか。みなさんにも、もっと薬草に触れる機会をもってほしいと思います。
　そのためには、薬草についての知識を深めないといけませんね。まずは植物図鑑を読みこむことです。
　図鑑を開いたら、これはという薬草をピックアップしてメモしましょう。そして、植物園や森や野原に生えている植物を、実際に目で確かめてみましょう。探していた薬草を見つけたときは本当にうれしいものですよ。

薬草探しは、できれば花の咲く春と実のなる秋の2回は挑戦したいですね。
　ただし、薬草を安易に摘んだりしてはいけません。植物園では勝手に採取してはいけませんし、道ばたや野原に自然に生えているものでも、触れると皮膚にかぶれをおこすものや、トゲが刺さると激しく痛むものもありますので注意しましょう。

### §薬草と空飛ぶホウキ

　みなさんが魔女になってやってみたいことのひとつに、"ホウキに乗って空を飛ぶ"というのがあると思います。
　魔女とホウキといえば、何といっても『魔女の宅急便』でしょうか。『ハリー・ポッター』でもさかんにホウキで空を飛ぶ場面がありますね。
　ここで、みなさんには、ヨーロッパで昔からえがかれてきた空飛ぶ魔女の絵を見ていただきます。思わず目を疑ってしまうかもしれません。

　ほら、これはテーブル、雄ヤギ、オオカミに乗っていますね。しかも全員男性です。下の絵ではブタに乗って飛んでいます。空を飛ぶのはホウキだけ、魔女は女性だけ、と思い込んでいた人はちょっと考えを変えないとね。

◇空飛ぶホウキの作り方

　実際に飛べるかどうかは保証できませんが、楽しい空飛ぶホウキを作ってみましょう。

　魔女のホウキが何からできているかというと、古くから伝えられている説がいろいろあります。黄色のかわいい花を咲かせるけど、毒のあるエニシダだったとか、いや、トゲのあるハリエニシダだったとか。

　『北欧神話』の女神フリッグが空を飛ぶときに乗っていたという絵が14世紀頃にかかれているのですが、ホウキの穂はなにかの植物の穂のように見えます。何の植物かはわかりません。

シュレースヴィヒ（ドイツの都市）の聖ペトリ大聖堂天井画より

　身近に手にはいるホウキの材料に、ホウキ草というとてもかわいい草があります。春は緑に、秋は赤くなります。

フワフワしていて、大きなパフみたいです。これを乾燥させて束ねて棒に巻きつけます。それはそれで立派なホウキなのですが、空飛ぶホウキというからにはちょっと変わったものでないとつまらないですね。

　ホウキを作る目的を、空飛ぶ夢をみさせてくれる素敵なホウキを作るということにしぼりましょう。乾いた木の枝のかわりに、花や葉を束にして作ってみるのはどうですか。クリスマスの時期だったら、魔女の木と言われるヤドリギの枝が花屋さんで見つけられるかもしれません。

### 材料

バルサ材、あるいはラミン材の棒　90cm
ラベンダーや緑を主とした植物のブーケ
（ドライフラワーでも造花でもOK）
紐
飾り用のマスキングテープ
小さな鈴　数個

### 作り方

棒はマスキングテープで巻きます。棒の先に紐でブーケを取り付けます。ブーケの間に小さな鈴をつけたら出来上がりです。

＊ホウキにまたがるときのアドバイス！

　みなさんはホウキに乗るとき、どちら向きに乗りますか。たいていは穂を後ろにして乗るのではないでしょうか。でも、スペインの画家フランシスコ・デ・ゴヤは、穂を前にして乗っている魔女の絵をかいています。こういう乗り方もあるのですね。

　ホウキにまたがったら、「上に飛べ、上に飛べ。下には落ちるな」と唱えながら身体をゆすります。鈴の響きが聞こえて、いかにも魔女らしい気持ちになれるでしょう。

フランシスコ・デ・ゴヤ「美しき女教師」

それにしても、なぜ薬草の授業で空飛ぶホウキについて勉強するかというと、実は薬草と深い関係があるからなのです。

　一般に魔女はホウキに乗って飛ぶと思われていますが、なぜホウキなのでしょう。
　ホウキは魔女、つまり女性の身近にある生活用品だったからという説があります。また、ホウキは魔を払う、掃き清めるものだからという説もあります。それなら、邪悪な魔を払うホウキに邪悪な魔女が乗るって、矛盾しているように思いませんか？

　でもね、先ほど2枚の絵でみたように、本当は、空を飛ぶための道具はなんでもよかったのです。
　さらに言えば、空を飛ぶ秘訣は道具ではなく、実は、身体にぬる軟膏にあったのです。そしてその軟膏こそ、薬草から作られていたのです。
　伝えられているレシピどおりに「空飛ぶ軟膏」を作ったドイツの学者が何人かいました。ある学者は、出来上がった軟膏を1人の女性にぬったところ、その女性はそのまま気を失っておれてしまいましたが、目が覚めたときに、自分は空を飛んで悪魔のところへ行ったと言い張ったそうです。
　また、軟膏を自分の身体にぬった学者もやはり寝入って

しまい、その眠（ねむ）りから目を覚ましたとき「確（たし）かに自分は空中を飛んだようだ」と語っています。
　ちなみに、これらのレシピにのっていた薬草はヒヨス、ドクニンジン、ケシ、トリカブト、アサ、イヌホオズキなど、どれも浮遊感（ふゆうかん）や幻覚（げんかく）をおこす猛毒（もうどく）植物です。
　空を飛ぶのにこのような恐（おそ）ろしい軟膏（なんこう）が必要では困（こま）りますね。

Die dritte Stunde
Ausbildung als Hexe

**3 時間目**

# 魔女の教養入門

　魔女修行に大切なことは、なんといっても魔女に興味を持つことです。そして、魔女についての知識を深めることです。
　まずは、魔女について書かれた本を読むことから始めましょう。それから、これまでえがかれてきたいろいろな魔女の絵を見て、魔女がどんな姿かたちをしていたのか、人々の目にそれがどんなふうに受け止められてきたのかを学んでいきましょう。
　この授業は、魔女って何者？ という答えを見つけるためにはとても役にたちます。みなさんがこの魔女学校の授業をすべて終えるころには、魔女にはいくつものパターン

があって、これぞ魔女！と決めることなどとてもむずかしいということがわかるようになるでしょう。

### §魔女が登場する話

**『グリム童話』**

(ドイツ、1812〜1815年、グリム兄弟編)
佐々木田鶴子訳、出久根育絵、岩波少年文庫

『グリム童話』は、ドイツ人のグリム兄弟が知りあいから聞いた話や昔の本にのっていた話を集めたものです。それらは昔からいろいろなところで語りつがれてきたので、似たような話が世界じゅうにあります。「ルンペルシュティルツヒェン」や「コルベスさん」などは、日本の昔話「大工と鬼六」や「さるかに合戦」とびっくりするくらい似ています。みなさんも読みくらべてみてくださいね。

さて、『グリム童話』の魔女といえば、なんといっても「ヘンゼルとグレーテル」に登場するあの魔女です。このお話はみなさんもよく知っていますね。兄のヘンゼルと妹のグレーテルは親に捨てられ、森の中をさまよっているうちに、お菓子で出来た家を見つけます。それは魔女が子どもをさそうために作ったもので、ヘンゼルとグレーテルも魔女にとらえられてしまいます。魔女はヘンゼルを食べようとします。ついでにグレーテルもパン焼き窯で焼いてし

まおうとするのですが、グレーテルは機転を利かせて、逆に魔女を窯の中に突き飛ばしてしまいました。こうして、2人は魔女の持っていた真珠や宝石を持って家に帰りました、というお話でしたね。

さて、みなさんに質問をします。なぜ親は子どもを森に捨てたのでしょう。ヘンゼルとグレーテルはどうしてお菓子の家を食べてしまったのでしょう。2人はなぜ魔女の財産を持ち帰ったのでしょう。それって盗みではないのですか。

答えはこの話の背景にある、当時の悲惨な状況にあります。この時代は大変な飢饉で、人々はとても苦しい生活にあえいでいたのです。食べ物もわずかとなり、親が子どもを捨てるか、子どものために犠牲になるか、家族全員飢え死にするか、という選択をしなければならなくなったとき、物語では、父親は悩みますが、母親は子どもを捨てようと

言い張ります。こんな母親は世間から非難されるに決まっていますから、グリム兄弟は後から、このお話の母親を"悪い継母"に書き直しました。

　ヘンゼルとグレーテルがお菓子の家を食べたのは、それがおいしそうだったからというよりも、ひもじくてならなかったからなのです。だからといってなにも魔女を焼き殺すことまでしなくてもいいのではないかと思うかもしれませんが、2人は必死だったのです。子どもたちは魔女に食べられてしまうという恐怖でいっぱいでした。なにせ魔女というのは悪いことばかりして、子どもを食べると思われていたのですから。

　しかも、子どもたちは家が貧しかったから森に捨てられたのだということがわかっていたので、魔女の財産を持ち帰れば生活の心配をしないですむと思ったのかもしれません。そうすればもう親に捨てられることはないと思ったのでしょう。けなげですね。

でも、魔女の立場からしたらたまりません。ドイツのある童話作家が、このお話を魔女の立場から見た「よい魔女と悪いヘンゼルとグレーテル」という童話を書いています。
　ヘンゼルとグレーテルは魔女の作った大切な家を無断でかじる行儀の悪い子どもなのです。ひとことおなかがすいているといえば、ちゃんとした食事をだしてあげたのに、魔女は腹を立てたのです。そこでおしおきとしてヘンゼルを檻に入れ、グレーテルには家事を手伝わせました。それなのに魔女は焼き殺されてしまいます。そんなかわいそうな魔女のことを、世間の人は悪い魔女だと言い、ヘンゼルとグレーテルを勇気あるよい子だと言っているのです。魔女からすれば、そんなおかしな話はないでしょう。

　同じ話でも、読む人の立場がちがえば、いろいろな見方ができます。最初に感じた気持ちは大切にしながらも、物事には必ずかくされた面やちがった面があるということを覚えておいてください。それを読み取るのはなかなかむずかしいですが、みなさんもやがていろいろな読み方ができるようになるでしょう。

## 『オズの魔法使い』

(アメリカ、1900年、ライマン・フランク・ボーム作)
渡辺茂男訳、W.W.デンスロウ絵、福音館書店

　カンザスシティ（アメリカ合衆国）に住むドロシーは竜巻に巻き込まれて、オズの国に飛ばされます。家にもどるにはエメラルドの国にいるオズの魔法使いにたのむことだと、北のよい魔女に教えてもらい、ドロシーは旅のとちゅうで出会ったカカシ、ブリキの木こり、おくびょうライオンと一緒にエメラルドの国に向かいます。

　オズの国には4人の魔女がいます。東の魔女と西の魔女は悪い魔女です。南の魔女と北の魔女はよい魔女で、ドロシーを助けてくれます。数々の冒険、仲間との友情、そしてオズの魔法使いの秘密など、すべてがおもしろくて一気に読めますよ。

　アメリカで大評判をとった本ですが、宗教的な立場から「よい魔女がいるというのはありえない」と批判もされました。それが正当な批判かどうかは別にして、20世紀になってもなお、魔女というのは悪いものだと信じられていたことにはびっくりしますね。

　しかし、私の経験からすると、今でもキリスト教の国で「魔女」という言葉を口にするときは、注意したほうがい

いですよ。特に教会関係の人には「魔女になりたい」とか「魔女ってかわいい」などと口にすると不審に思われます。なぜかというと、そのヒントは4時間目で勉強する「魔女の歴史」にあります。これについてはそのときにまた考えましょう。

### 『小さい魔女』

(ドイツ、1957年、オトフリート・プロイスラー作)
大塚勇三訳、ウィニー・ガイラー絵、学研プラス

　魔女の晩餐会のときにお話ししましたが、4月30日に魔女たちが悪魔のところへ行って宴をするという言い伝えがあります。その夜を「ヴァルプルギスの夜」と言います。この物語では、ヴァルプルギスの夜に参加できるのは大人の魔女だけと決められています。主人公の小さい魔女はまだ127歳なので参加できません。それでも行ってみたくてたまらず、こっそりかくれて参加しますが、見つかってしまって大騒ぎ。大魔女は「来年のこの夜、おまえがよい魔女になっていたらゆるしてやる」と言います。さあ、小さい魔女は1年間、よい魔女になるためにいろいろなことをします。

　一体どんなことをしたのか、そして翌年には無事"よい魔女"と認められて宴に参加できたのかどうか。これ以上はお話ししません。みなさん、自分で読んでみてくださいね。

この物語は、古くから言い伝えられてきた恐ろしい魔女ではなく、かわいくて勇気のある新しいタイプの魔女として読者に受け入れられました。みなさんがイメージする現代の魔女の先輩と言えるかもしれません。

## 『西の魔女が死んだ』

(日本、1994年、梨木香歩作)
新潮文庫

　不登校になってしまった中学生の女の子まいは、自然の中で暮らすイギリス人のおばあちゃんとひと夏を過ごします。おばあちゃんは魔女の血筋で、薬草についての知識を先祖から受け継いでいました。

　おばあちゃんはまいに魔女修行をさせます。修行の基本は日常生活をきちんとして、「何でも自分で決める」ことでした。ところが、まいは近所に住む意地悪なゲンジさんをどうしても好きになれず、そのことでおばあちゃんと仲たがいしたまま、自分の家にもどってしまいます。その2年後、おばあちゃんは亡くなりました。

　おばあちゃんは、自分が死ぬ時は必ずまいにそのことを知らせると言っていました。その知らせはまいにどんなふうに伝わったでしょうか。

西の魔女というのは、イギリス、つまり西洋から来た魔女ということです。まいは立派に魔女修行をすませて、日本という東の魔女になれたでしょうか。
　西の魔女がまいに教えた魔女修行は、いじめや死というつらくて悲しい経験をいかに受け入れ、克服するかということでした。深い深い感動をあたえる小説です。

　このほかにも魔女の登場する物語は、古いものから新しいものまでたくさんあります。そのうちの4つをあげてみただけでも、魔女についてのちがいがわかりましたね。
　今度は、魔女の絵を見てみましょう。


### §魔女がかかれた絵
　みなさんはハロウィンで魔女の仮装をしたことがありますか。でも、まさかあれが魔女の典型的な姿だとは思いませんよね。あんな姿の魔女が往来をうろうろしていた時代があったなんて思っていないでしょう。では、魔女がこれまでどんな風にえがかれてきたか、魔女の絵をいくつか見てみましょう。

プレトーリウス著『ブロックスベルクの仕業』より。この他にも似た絵がいくつかかかれている。サバトとはこういうものだと一般に考えられていたと思われる

　これはヴァルプルギスの夜についてのイメージ画です。17世紀のものです。中央の岩に座っているヤギは悪魔の化身（姿を変えてあらわれること）です。魔女たちが列をなしてヤギのところへ行き、ヤギのお尻にキスをしています。魔女といってもふつうの人間の姿かたちをしていますね。下のほうで翼を広げて脱糞しているのは悪魔です。魔女と悪魔はセットだったのです。

左上には空から雹が降ってくる様子がえがかれている。
魔女は雹を降らせることもできるのだ

　これは16世紀にえがかれた、ドイツの画家アルブレヒト・デューラーの「魔女」です。魔女は雄ヤギに反対向きに乗っています。魔女の髪の毛も進行方向とは逆になびいています。どちらに向かって飛んでいるのでしょうか。すさまじい魔女ですね。
　絵の下にデューラー（Dürer）の頭文字Dのサインがありますが、このDも逆に書かれています。魔女というものはふつうの世界とは逆の立場にいるということを表しているのです。
　魔女が手にしているのは糸巻棒です。糸巻棒というのは布を織る糸を巻きつけておく棒です。糸を紡いで、布を織

るのは女性の仕事でした。また、糸巻棒は聖母マリアの持ち物としてえがかれることもあるように、女性のシンボルとされていました。

　しかしこの魔女が持っている糸巻棒は、運命の糸をあやつるという古代の女神とむすびついているのでしょう。

森の中で怪しげな宴を開く魔女たち

　これはデューラーと同じ16世紀のドイツの画家ハンス・バルドゥング・グリーンの「魔女のサバト」です。やはり雄ヤギに逆向きに乗っています。中央の魔女が両手でかかげている皿にはあやしいものがのっているように見えます。中央の壺には飲み物でも入っているのでしょうか。スプーンを持った魔女が壺のふたをちょっと開けたようです。するとそこからもくもくとけむりのようなものが空に向かっ

て立ちのぼっていきます。
　魔女は人々の見えないところでこんな恐ろしいことをしているのだと信じた人もいたでしょう。

グアッツォ著『魔女要論』の挿絵より。
この他にも悪魔が魔女に洗礼を授けている絵や悪魔の尻にキスをする魔女の絵などがのっている。それにより、魔女のイメージが人々に強く植えつけられた

　これは魔女たちが悪魔に忠誠を誓って十字架を踏みつけている絵です。この魔女は男性ですね。この頃の魔女は女性だけではなかったのです。
　この絵は魔女について書かれた17世紀の本の挿絵として使われていました。こうした絵や本を見た人々は、著名な画家や知識人がこう書いているのだから、魔女とはきっとこんなふうなのだろうと信じていたのです。

『グリム童話』では、魔女については「石のように年とったばあさんで、眼が赤くて、よく見えない」、「杖をついていて、歩くときに頭をがくがくさせる」といった程度の説明しかありません。ということは、挿絵をかく画家は自分のイメージで魔女をえがいたということになります。

最初に出版された『グリム童話』には
挿絵が1枚もなかったが、やがて挿絵がかかれるようになった

　この絵はグリム兄弟と同じ時代のドイツの画家ルートヴィヒ・リヒターがかいた「ヘンゼルとグレーテル」の挿絵です。
　みなさんにはこの魔女がどんなふうに見えますか。ふつうの女の人に見えますよね。

腰に鍵束を下げているのがわかりますか。鍵束は、部屋や貯蔵庫など、家を管理する主婦の座をあらわすシンボルなのです。ですから、この魔女は明らかに主婦だということがわかります。
　『グリム童話』に出てくる魔女は、主婦や農婦、宿屋を営む女性や料理番の女性など、ほとんどが普通の人でした。ですから、その挿絵として恐ろしい魔女がかかれることなんてありえないのです。今どきのコスプレ魔女とはほど遠い魔女の姿です。

このレッスンが邪悪なものであることは足元のドクロによってわかる。
2015年に開催された「魔女の秘密展」の展示より

これは1880年にフランスの画家ブーテ・ド・モンヴェルがかいた絵で、タイトルは「サバトへ行く前のレッスン」です。
　妖しい雰囲気の絵ですね。若い裸の娘が、魔女と思われる老婆から魔女と悪魔が行う宴（サバト）へ行くためのレッスンを受けているところです。
　見てわかるように、19世紀後半になると、単に魔術を使う恐ろしい女性とか、年老いたみにくい女と思われてきたイメージとは別な魔女像、つまりこんなに美しい妖しい雰囲気を持った魔女の絵もかかれるようになります。どちらかというと男性の好みによってえがかれた魔女像です。

　そして20世紀以降になると、いつのまにか『魔女の宅急便』のキキや『黒魔女さんが通る!!』（石崎洋司作）のようなかわいい女の子の魔女が登場するのです。
　魔女の絵を見るときは、それがいつごろえがかれたのか、魔女についてどういうイメージをもってえがかれたのかを考えて見ると、いろいろなことがわかってきます。絵を見るおもしろさを味わってください。

Q 魔女といえばとんがり帽子や黒いマント、ホウキがつきもののように思いますが、それはなぜですか。

A
私たちが今見たいくつかの魔女の絵には、ホウキは別として、質問のような姿の魔女はいませんでしたね。いつ、とんがり帽子をかぶるようになったかということについては本当のところわかっていません。

私の推測ですが、とんがり帽子の魔女はどうもイギリスで生まれたのではないかと思っています。右の絵は17世紀はじめにかかれたイギリスのパンフレットの挿絵です。

また、とんがり帽子をかぶった魔女人形はだいたいアメリカ生まれです。ドイツではつい最近まで、スカーフをして、色とりどりの服を着て、薬草を入れるかごをもっているやさしい顔のおばあさん魔女人形が主流でした。でも、最近は圧倒的にアメリカ製が多くなりました。魔女もグローバル化するのです。

# Hexen-Teepause
## 魔女のティータイム

　さて、ティータイムの時間です。今日のお茶はヨーロッパ産のハーブティです。ケーキもありますよ。

　ハーブティというのは、日本でいうとハトムギとかドクダミなど身体によい薬草を使ったお茶と同じで、西洋薬草茶です。ドイツでは、気分を爽快にしてくれるお茶もありますが、胃腸の調子が悪いときや風邪を引いてのどが痛いときに飲むものや、心臓や肝臓が悪い人の飲むものなど、具体的に効能をうたったハーブティが何種類もあります。

　ハーブティをすでに飲んだことのある人の中には、香りはいいけど、独特な味はちょっと……と思った人もいるでしょう。苦手だなあと思ったら無理しないでください。

　ハーブティは、葉が生のものと乾燥させたものとでは入れ方がちがいます。また、ブレンドする場合にはハーブそれぞれの相性を知らないと逆に悪い結果をもたらすこともありますので注意が必要です。ハーブティの知識がある人に必ず見てもらいましょう。

# Speisekarte
# メニュー

### 魔女のお茶　Hexentee

とても香りのいいカモミールと何種類かのハーブ\*をブレンドしたものです。ちょっと独特な香りがするアニスや魔除けになるというフェンネルが入っています。風邪の予防に効果があります。

\*ジャーマンカモミールの花、ペパーミントの葉、細かくしたフェンネル（ウイキョウ）とアニスの果実、ローズヒップ、マシュマロウの根、プリムローズの花、バラの花びら、タイムの葉

### 魔女のケーキ　Hexenkuchen

バウムクーヘンや、クリスマスに欠かせないシュトレンとレープクーヘンは日本でもすっかりおなじみになっていますが、今日はドイツではたいへんポピュラーなケシの実ケーキをどうぞ。

日本でもケシの実を使ったパウンドケーキやクッキーはありますが、ドイツのケシの実ケーキは半端じゃないです。ペーストにしたケシの実をケーキの生地にそれこそ大量にはさんで焼きます。ペーストは青黒い色をしているので、最初はとまどうかもしれませんが、いかにもそれっぽい雰囲気のあるケーキで、「悪魔のケシの実ケーキ」と呼ばれることもあります。でも、大丈夫です。このケシの実はポピーシードといってまったく毒はないので心配いりません。ほどよい甘さで食べやすいですよ。

Die vierte Stunde
Einführung in die Geschichte der Hexe

4時間目
# 魔女史入門

　みなさんが知っている魔女は、ほとんどが小説や映画などで伝えられた魔女でしたね。ところが、そうではない魔女もいたのです。それは、お話の世界ではなく、歴史の中にあらわれる魔女です。

　この魔女については日本の学校では習いません。

　ドイツでは高校生になれば歴史の中の魔女について勉強します。自分の国のことだから当然でしょうね。

　魔女は時代や地域によってずいぶんタイプがちがうんですよ。時代だったら、古代、中世、近世、現代。地域だったら、アフリカやアメリカ、ヨーロッパ。そして一口にヨーロッパと言っても、北欧、中欧、東欧、今の国の名前

で言えば、イギリス、フランス、スペイン、ドイツなどたくさんあります。それぞれみな少しずつちがった魔女の歴史を持っています。今日、私たちが勉強するのはドイツを主としたヨーロッパの歴史の中の魔女です。

§たくさんの神さまと1人の神さま

　ヨーロッパの魔女の原形は、古代の小アジア、メソポタミア、エジプトなどで崇拝されていた女神たちだったという説が有力です。古代の女神にはエフェソス（トルコ）のアルテミスや、ギリシャ・ローマのディアナ（英語ではダイアナ）、エジプトのイシスなどたくさんいます。

　また、民間で言い伝えられてきた異次元の世界に住む存在、ドイツではペルヒト（あるいはホレ）と呼ばれた善悪両面の性質を持つ女性も魔女の一族とみなされました。

ペルヒトの絵。
ペルヒトと似た性質のホレはグリム童話の「ホレおばさん」のモデル

これら古代の女神や伝承の魔的な存在が、魔女の原型だと思われるようになったのは、ヨーロッパにキリスト教がしっかりと根づき、その考えによって社会が動くようになったからです。キリスト教というのは、神さまは世界に１人で、絶対的な存在です。ですから、ほかの神さまの存在はゆるされませんでした。

　しかし、古代の女神や民間で信仰されてきた神さまたちを急に捨てろと言われても、なかなかそうはいかなかったのです。やがて、古くからの神さまたちを信じる人々は教会から排除されるようになりました。

　みなさんは『古事記』という本を読んだことがありますか。日本誕生の由来とその頃に生きていた神さまたちの話です。日本には八百万も神さまがいたのです。八百万というのは実際の数字ではなく、とてもたくさんという意味です。その中でも最高の神さまは女性のアマテラスオオミカミ（天照大神）ということになっていますが、それによりそのほかの神さまたちが否定されるということはなかったのです。

　みなさんはお正月に初もうでをすると思いますが、その神社ではどんな神さまがまつられていましたか。アマテラスオオミカミだけでなく、神社によってまつっている神さまはさまざまですね。世界には、たくさんの神さまを信仰

している国と、ただ1人の神さまだけを信仰している国とがあるのです。

## §魔女迫害

　ヨーロッパでは、古代の女神や民間で信じられている不思議な存在を崇拝したりすることはゆるされないことでした。そういうことをするのはキリスト教の敵だとみなされました。
　その敵のなかでも最大のものが、悪魔とその支配下にある魔女だったのです。魔女は悪魔と契約したものというのが定説です。魔女は、悪魔の言いなりになり、神さまと反対のことをして世の中を困らせる存在だと思われたのです。

　みなさんは「魔女狩り」とか「魔女迫害」、「魔女裁判」という言葉を聞いたことがありますか。恐ろしい言葉ですね。主に15世紀から18世紀にかけて、多くの人が魔術を使ったという理由でとらえられ、死刑にされました。
　この時代は小氷期といって、寒い日々が続き、人々は大変な飢饉に苦しんでいました。戦争もありました。また、ペストという恐ろしい疫病も広がりました。
　すると、それらの原因は魔女が悪魔の命令によって悪い魔術を使ったからだ、と主張する書物が世に広まりました。人々は言われるままにそれを信じました。悪い出来事はすべて魔女のせいだと思ったほうが、どうにもならない現実

の苦しみから逃れることができたのです。

　1時間目の授業で魔法について勉強しましたが、4時間目であつかう魔女の魔術とは、実際に害をあたえて人々を困らせたという悪い魔術のことです。これを「害悪魔術」と言います。急に病気になって死んでしまったり、おなかの中で赤ちゃんが死んでしまうということが何度も続いたり、生まれてもすぐに死んでしまったりすると、それも害悪魔術のせいだと思われました。

　さらに、魔女は天候を左右することもでき、雹をふらせて農作物をだめにしたとも言われました。こういう魔女は「天候魔女」と言われました。

　また、牛が乳をださなくなるようにしたり、牛乳を盗んだりするのは「牛乳魔女」、くさったバターを作って売ったりするのは「バター魔女」と言われて、裁判にかけられました。

　みなさん、なんか笑っていませんか。「牛乳魔女」とか「バター魔女」なんて言葉を聞くと、冗談のようで確かに笑いたくなりますよね。

　でも、本当にあったことなんですよ。バターの原料である牛乳が盗まれたり、くさったりしたら商売になりません。生活に大きな影響をあたえます。すると、牛乳を盗まれた人は、犯人を見つけてほしいとうったえるのではなく、たとえば前々から魔女ではないかとうわさされていたとなり

のあの主婦が怪しいと、名前を挙げてうったえたのです。

　あるいは町の有力者だった市長や金持ちが、敵対者によって「空を飛んでいるのを見た」と告発され、魔女としてつかまったという記録もあります。当時、魔女として裁かれた人たちの8割が女性でしたが、男性も子どももいました。

ウルリヒ・モリトール著『魔女と女予言者について』(1489年)の表紙。
大鍋に不気味なものを入れて雹を降らせる天候魔女

　魔女だと訴えられた人は裁判にかけられますが、身に覚えがなければ必死で否定します。現代では指紋検出とかDNA鑑定とか科学的な方法で有罪か無罪かを証明する方法がありますが、当時はそんなものはありませんでした。否定すれば、恐ろしい拷問にかけられ、うその自白をするようになってしまうのです。

「私は魔女です」と言えば、今度は「おまえを魔女にさそいこんだのは誰だ」と追及されます。もともと魔女でもないのに認めさせられて、誰にさそわれたのかと言われたって答えられるわけがないのですが、それを言わなければまた拷問です。だから、誰かれなく知っている人の名前を挙げます。同じようなことがくりかえされ、魔女が増えていったのです。

　この頃、ドイツのグーテンベルクによって活版印刷術が発明されます。それによって素晴らしい本も出版されましたが、魔女を攻撃するような絵入り本やパンフレットも世の中に広まっていきました。そういう情報と身近でささやかれるうわさが魔女を生み出す大きな役割を果たしたのです。

　ひどい病気で苦しんでいるのは、隣の女性が魔女の術をしかけたからだと言いふらし、ひそかにうわさを流します。すると、なにかあったとき、さてはあの女が、ということになるのです。

　魔女はせまい地域に住む人間同士が生み出した犠牲者だったのです。身近な仲間を魔女だとうわさして、自分たちの住む地域からのけものにした歴史があったのです。

　みなさんはこの話を聞いて、思いうかべることがあるのではないでしょうか。そう、いじめですね。ネットを使ってうわさを流したり、名指しで個人攻撃をしたりという話

があとを絶ちません。

　みなさんも魔女になりたいと思うなら、遠いヨーロッパの出来事であっても、いじめと同じようなひどい歴史があったということを心にきざんでおきたいものです。

　みなさんはこれからの歴史をささえる人たちです。大きな事をなしとげ、有名なえらい人になるかもしれません。しかし、歴史というのはそういう偉大な出来事や立派な人々だけによって作られるものではありません。ふつうの人々やふつうの出来事が歴史をささえたり、ときには犠牲者を作ったりするのです。

　誰のこともいじめず、見て見ぬふりをしない。そうしたら「いじめられる」ということもおこりません。これが魔女の歴史を学ぶということなのです。

Q 魔女は日本の山姥と似ていませんか。

A
日本には魔女を作りだす宗教的な背景はなかったので、山姥と魔女は別ものと言えます。
山姥は山の奥深くに棲んでいて、山中でまよった旅人を家にとめてやります。そして、夜中になるとおそいかかって食べてしまうと伝えられています。悲しい話ですが、年老いた人を山に捨てるという姥捨て山伝説とつながっているのではないかという説もあります。
一方、『グリム童話』の魔女も多くは森の中に棲んでいますが、人を木や石に変えることはしても、人を殺して食べてしまったという話はありません。「ヘンゼルとグレーテル」の魔女は、子どもを食べる恐ろしい魔女という一般的な見方にたって書かれた魔女像でしょう。話の中では、ヘンゼルを食べようとしましたが、結局、未遂に終わっています。


Q 猫やフクロウは魔女の使い魔だと言われていますが、それはどうしてなのですか。

A
猫は古代エジプトでは神さまと同じようにあつかわれてい

ました。フクロウも古代ギリシャでは知恵の神さまとして崇拝されていました。ところが、神さまは世界に1人だけというキリスト教が支配的になると、猫やフクロウを崇拝するなんてとんでもないということになりました。それで、魔女の命令に従って恐ろしいことをする魔女の手下だということにされてしまったのです。猫やフクロウが夜行性であることや、猫の目の変化する神秘的な様子が不気味な魔女のイメージにも合うので、使い魔の代表のようになったのです。

Q 男性の魔女もいるということですが、ではなぜ「魔女」というのですか

A
魔女はドイツ語で「ヘクセ（Hexe）」、英語で「ウィッチ（witch）」といいます。この言葉はもともと女性も男性もふくまれている言葉です。しかし、明治時代に『グリム童話』や『マクベス』（シェイクスピア作）を日本語に訳すときに、そこに出てくるヘクセもウィッチもすべて女性だったので、魔の女という意味で「魔女」と訳されたのです。しかし、ヨーロッパで迫害を受けたヘクセやウィッチには男性もいたので、日本語からすると「魔女」では具合

よくないですね。でもいまさら新しい言葉を作るわけにもいきませんから、「魔女」には男性もふくまれるということを頭に入れておきましょう。

*Die fünfte Stunde*
*Einführung in die moderne Hexerei*

5 時間目
# 現代の魔女入門

　魔女について勉強するときに大切なことは、魔女とはこういうもの、と決めつけないことでしょうね。「魔女というのは……」とか「魔法って……」なんて、そうかんたんに言えないということを、これまでの授業でみなさんは学んだと思います。5時間目は「現代の魔女」という新しい魔女の誕生について学んでいきます。

### § 歴史と向き合う魔女

　20世紀から21世紀にかけて、これまでの魔女とはちがう新しい魔女が誕生しました。なにか不思議な力をもった若い女性は男性のあこがれでもあったのです。それには美

しくなければなりません。こうして主に男性による絵や小説などで、魅力的な姿の魔女が生まれました。

　一方、現代の女性たちは被害者だった過去の魔女に視点をあてて、魔女を力ある女性としてよみがえらせました。これが現代の魔女です。この新しい魔女はいくつかの流れに分かれていきます。

　そのひとつは、魔女の歴史に学び、現代社会にそった女性の新しい生き方を確立しようとする魔女たちです。このような魔女の目指すところは政治や社会の改革でした。

　1977年4月30日の夜、女性たちによるデモがドイツで行われました。当時、男性社会で大きな差別を受けていた女性は、自分たちの権利を手に入れるために立ち上がりました。これはアメリカで起こった「女性解放運動」がきっかけとなったものです。このような運動は過去の魔女の歴史が生み出した「魔女の遺産」と言えます。


　もし、みなさんの先祖に魔女がいて、処刑されたということを知ったら、どう思いますか。

　現代のドイツには「私は魔女の家系」だと言って、もっぱら薬草関係の仕事をしている人もいますが、私は少々疑問に思っています。

　なぜなら、先祖が魔女だったということはヨーロッパの人々にとってはゆゆしきことだからです。ヨーロッパの魔女というのは、私たちが日本で考える以上に現実的な重み

があるのです。

　1627年、ドイツのケルン市で行われた魔女裁判で、38名が魔女として処刑されました。その1人カタリーナ・ヘノートの子孫が1988年に先祖の無罪を主張して市議会に提訴しました。

　2012年に市議会はその決議を採択し、ヘノートだけでなく38名全員の無罪を認めました。それを記念してケルン市の市庁舎の壁にヘノートの像が作られました。

　また、ドイツでは、20世紀に入ってから、魔女として犠牲になった人たちの魂をしずめるために、魔女を迫害してきた市が、市民たちと一緒に祈念の碑や噴水を作っています。もう二度と魔女迫害のような悲惨な歴史はくりかえさないようにしようという強い意志が感じられます。

　しかし、アフリカや南太平洋のある国では、今も魔術を使った罪で殺される女性が大勢います。このような現実が実際にあるのです。おそろしい害をなす魔術があると信じている人々に、「そんなものはない」と説得するには相当な時間と努力が必要でしょう。

§宗教によりそう魔女

　1950年代、イギリスにウィッカ（魔女宗）というグループが生まれました。イギリス人のジェラルド・ガードナーという男性が始めた宗教運動です。古代の女神を崇拝

し、主に少数の人々が集団になって儀式を行い、魔女術（ウィッチクラフト）を極めます。その教えは「誰も傷つけぬ限り、汝の意志することをなせ（あなたの思うままに行動しなさい）」という極めてやさしいものです。それが受け入れられて多くの信者が増え、アメリカに渡っていっそう大きな宗教運動となりました。

"古代の女神"というと、なんだか平和的で現代の殺伐とした争いごととは関係なさそうで、これもいいかなと惹かれそうになりますが、宗教というのはたいへん複雑でむずかしいものです。古代社会が女神の力のおかげで本当に平和であったかどうかもわかりません。宗教にたよるのはできるだけさけたほうがいいと私は思います。

§自然とともに生きる薬草魔女

　薬草のもっている力に魅せられて、今、薬草をあつかう人が増えています。ドイツではそういう女性たちの1人が自らを「薬草魔女」と名乗り、薬草の力を広める活動を始めました。それに賛同する人が出てきて、同じように薬草魔女と名乗り、活躍しています。

　薬草魔女は医者や薬剤師ではありません。自然に囲まれて生きていくスタイルをとる女性たちです。近くの森や野原に出かけて、そこに生えている薬草の効能や注意点などを話す「薬草ツアー」をしたり、薬草を売るお店を持って

いたりします。
　薬草魔女と同じような活動をしているドイツ人の知人に、「あなたは薬草魔女なの？」とたずねたことがあります。彼女は「いいえ、私は薬草集めの女です」と答えました。彼女は同じ薬草にかかわっていても、新しい「薬草魔女」と、昔からおこなわれてきた「薬草集めを仕事とする女性」とを分けて考えているようです。魔女という言葉は、私たちが考える以上に深い意味をもつのだなあと、あらためて思いました。

　日本でも、薬草への関心が高まっています。そして薬草をあつかう生き方を"魔女の生き方"として称賛する人も増えています。なにより自然と共生するという喜びが、現代のせわしない生き方につかれた人々のいやしになっているのでしょう。
　もっとも私は、そういう生き方は、特に魔女にならなくても人間として大切なことだと思っています。

　薬草魔女っていいなあ、薬草魔女になりたいなあと思ったら、薬草魔女の成り立ちについて学んでくださいね。名前にひかれただけで、安易に薬草魔女を名乗るのは考えものです。

## §夢をあたえる新しい魔女

恐ろしい魔術を使うおどろおどろしい魔女は今もホラー映画や怪奇小説などに登場しますが、夢をあたえる新しい魔女も生まれました。みなさんに大変なじみのある漫画やアニメ、小説の中の魔女です。

日本で初めて出版された魔女の漫画は、横山光輝の『魔法使いサリー』(1966～1967)です。ずいぶん昔ですから、みなさんは読んだことがないと思います。作者は「奥さまは魔女」のような明るいイメージの魔女をかきたいと思ったと語っています(1987年3月「別冊オックス」あとがき参照)。
「奥さまは魔女」はアメリカの古いテレビドラマですが、当時大好評で、今もDVDで見られます。両方ともタイトルでは「魔女」ということになっていますが、魔法を使った明るくゆかいな話です。魔女は害のない魔法を使って夢をあたえてくれる存在になったのです。

ところが、かわいいだけの魔女ではだんだん物足りなくなってきたようです。たとえば『黒魔女さんが通る!!』では、黒という言葉がなんかワルっぽい雰囲気をもっているし、黒魔女を目指して修行するチョコはあるがままの自分を素直に主張して行動します。お話の舞台が学校とか原宿とか、実際にある世界なので、親しみもわきますね。

物語の中で活躍する魔女は私たち読者にとって、とても身近な存在になったのです。
　魔女はこれからもどんどん進化していくのでしょう。22世紀にはどんな魔女が生まれているのでしょうね。

### §魔女とは

　最後になりますが、「魔女」という言葉についてお話しします。
　4時間目の授業でお話ししましたが、魔女はドイツ語で「ヘクセ」といいます。この言葉のもとをたどると「ハガッサ」だったという説が有力です。ハガッサというのは「垣根の上にいる女の魔もの」という意味です。
　垣根というのはなんでしょう。それは、この世とあの世の境です。ハガッサはこの境を行ったり来たりできるのです。だから魔ものなのです。魔女というのはそういう恐ろしい境に住んでいるものなのです。
　でも、そんな境なんてふつうの人には見えませんよね。そこで、これを現実の世界に当てはめて、村のはずれの森の中に1人住む得体のしれない女は魔女だということになっていったのです。
　そういう女性はたいていが年を取っていました。1人で森に住むようになった理由もさまざまでしょう。でも、そんなことはおかまいなしに、村でなにか悪いことが起きると、こういう女性のせいにして、魔女としてつかまえるこ

とがしばしばあったのです。誰も守ってあげなかったのです。へたに守れば、自分も魔女にされてしまうだろうと恐れたのです。

　みなさんにはおたがいに守りあえる仲間を作ってほしいし、それはとても大切なことだと思うのです。ただ、仲間はずれにされるのを恐れて自分の気持ちを殺すことだけはしないでほしいですね。

　たとえば、10人がある映画を見て、そのうちの1人が「素晴らしい」「感動した」と言ったとき、8人が「私もそう思う」と言ったとします。残る1人はそう思わなかったのですが、「そうは思わない」と正直に言えますか。
　仲間はずれになるのではないかと心配して、思ってもいないのに、相手に同調して「私もそう思う」と言ってしまいませんか。
　それに、「私もそう思う」と言った人の中にも、本当はそう思っていなかったけど、正直に言ったら仲間はずれにされてしまうかもしれないと逃げた人もいたのではないか、と考えることもできます。
　たとえみんなとちがう意見を持っていても、それをすんなり受け入れてくれる仲間がいれば、なんの心配もありません。仲間はずれになるかどうかは日ごろの付き合い方にもよります。

ドイツのある哲学者が仲間のつき合いについて、ハリネズミをたとえにあげて、こんなことを言っています。仲良くなりたいと思っても、あまりに近づきすぎるとハリで相手をさしてしまいます。だからといってうんとはなれてしまったら、仲良くなれません。ハリネズミは何度も何度もくっついたりはなれたりして、ちょうどいい距離を学びます。この距離を守ることが人と人とがつき合うための礼儀だと、その哲学者は言っています。
　誰しもハリを持っています。そのハリはその人の持って生まれたものです。感性と言っていいかもしれません。ハリは自分を守るためのものですが、だからと言って思うままに相手をさすためのものでもありません。自分に備わったハリを大切にして生きていくのも魔女修行ではないかと私は思っています。相手にふりまわされないようにするには自分のハリをいつも磨いておくことです。

　ちょっとむずかしい話になってしまったでしょうか。みなさんにはきっと伝わっていると願っています。魔女になれるかどうかは、自分のまわりのことをしっかり見つめることのできる目と心をもっているかどうかなのです。

Q 先生はドイツで魔女修行をしてきたと言われましたが、修行をしたから魔女になれたのですか。

A
自分が魔女だと思えば、誰が何と言おうと魔女だと思っていいのです。魔女は身分でも職業でもありませんからね。ただ、私が修行を通してわかったことは、魔女って修行によってなれるものではないということです。それでも、魔女になるための心がまえは確かに修行によって磨かれたと思っています。

# Zum Schluss
# さいごに

　さて、私たちは魔女のことをずいぶん勉強しましたね。みなさんが期待していた魔女になるためのノウハウとはちょっとちがったと思われたかもしれません。それでも、みなさんはすでに立派な魔女博士になったと思いますよ。
　みなさんが、この授業をとおして、どのような魔女に興味をもたれたかはそれぞれでしょうが、自分に合った魔女修行をしていけばいいと思います。魔女とはこうあるべきだという固定観念にしばられないことです。自由に魔女のイメージをふくらませてください。

あらあら、空がほんのり明るくなってきました。魔女は一番鶏の鳴く声が聞こえると一斉に姿を消すそうです。みなさんと過ごした特別な時間もこれで終わりです。では、教室の扉を閉めます。みなさん、またお会いできるといいですね。さようなら。

## Urkunde
## 認定証

### Hexengeselle
### 魔女博士

殿

あなたは魔女学校のすべての授業を修了したので、
上記の認定を取得したことをここに証明します。

年　　月　　日

### Direktorin der Hexenschule　Sage
### 魔女学校長　ザーゲ

図版出典および参考とした主な文献一覧

◇石崎洋司著、藤田香絵『黒魔女さんが通る!!』講談社青い鳥文庫　2005年
◇オトフリート・プロイスラー著、ウィニー・ガイラー絵、大塚勇三訳『小さい魔女』
　学研プラス　1965年
◇角野栄子著、林明子絵『魔女の宅急便』福音館書店　1985年
◇グリム兄弟、桜沢正勝・鍛冶哲郎訳『グリム　ドイツ伝説集(上)』人文書院　1987年
◇グリム兄弟編、小澤俊夫訳『完訳グリム童話Ⅰ』ぎょうせい　1995年
◇黒川正剛著『図説　魔女狩り』河出書房新社　2011年
◇黒川正剛著『魔女狩り』講談社選書メチエ　2014年
◇黒川正剛監修、株式会社はる制作室編集『「魔女」の世界史』宝島社　2015年
◇J.K.ローリング著、松岡佑子訳『ハリー・ポッターと賢者の石』静山社　1999年
◇ジャン－ミシェル・サルマン著、池上俊一監修『魔女狩り』創元社　1991年
◇新改訳日本聖書刊行会編『聖書』日本聖書刊行会　1988年
◇谷口幸男・福嶋正純・福居和彦著『図説・ドイツ民俗学小辞典』同学社　1985年
◇梨木香歩著『西の魔女が死んだ』新潮文庫　2001年
◇西村佑子著『ドイツ魔女街道を旅してみませんか?』トラベルジャーナル　2001年
◇西村佑子著『魔女の薬草箱』山と渓谷社　2006年
◇西村佑子著『グリム童話の魔女たち』洋泉社　2007年
◇西村佑子著『不思議な薬草箱』山と渓谷社　2014年
◇ヒルデガルト・フォン・ビンゲン著、井村宏次監訳、聖ヒルデガルト研究会訳『聖
　ヒルデガルトの医学と自然学』ビイング・ネット・プレス　2002年
◇フラウィウス・ヨセフス著、秦剛平訳『ユダヤ戦記』ちくま学芸文庫　2002年
◇山形孝夫著、山形美加図版解説『図説　聖書物語　旧約篇』河出書房新社　2001年
◇横山光輝著『カラー版　魔法使いサリー』小学館クリエイティブ　2014年
◇ライアン・フランク・ボーム、W.W.デンスロウ絵、渡辺茂男訳『オズの魔法使い』
　福音館書店　1990年

◇ Brüder Grimm : Kinder- und Hausmärchen. Artemis & Winkler. 1949
◇ Brüder Grimm : Die Deutsche Sagen. Diederichs. 1993
◇ Die schönsten Sagen aus dem Harz : Zusammengetragen von Hans-Joachim Wiesenmüller. Druckhaus Quedlinburg.
◇ Gertrud Scherf : Zauberpflanzen Hexenkräuter. BLV Verlagsgesellschaft mbH. 2003
◇ Heinrich Marzell : Zauberpflanzen Hexentränke. Kosmos. 1964
◇ Hildegard von Bingen : Heilkraft der Natur. Pattloch Verlag. 1997
◇ J.Praetorius : Blockes-Berges Verrichtung Faximile der Originalausgabe aus dem Jahre 1669. Edition Leipzig. 1968
◇ Museum für Völkerkunde Hamburg : Hexen-Katalog zur Sonderausstellung. 1979
◇ Peter Haining : Hexen. Verlag Gerhard Stalling. 1977
◇ Ulrich Molitor : Von Unholden und Hexen. Ubooks Verlag. 2008
◇ Der neue Kosmos Pflanzenführer. Kosmos. 1999
◇ Herkunftswörterbuch, Duden7. Dudenverlag. 2001

# 西村佑子

にしむら・ゆうこ

早稲田大学大学院修士課程修了。青山学院、成蹊大学などの講師を経て、講演、執筆活動に入る。主な著書に『グリム童話の魔女たち』(洋泉社)、『魔女の薬草箱』『不思議な薬草箱』(ともに山と渓谷社)、『あなたを変える魔女の生き方』(キノブックス) などがある。
2015年には「魔女の秘密展」(東映、中日新聞企画) の監修もつとめた。ドイツの魔女を生涯のテーマとしている。

カバー・本文イラスト／Naffy

装丁／田中久子

組版／アジュール

## 魔女学校の教科書
### 2017年7月19日　第1刷発行

作者／西村佑子
発行者／松岡佑子
発行所／株式会社静山社
〒102-0073　東京都千代田区九段北1-15-15
電話 03-5210-7221
http://www.sayzansha.com

印刷・製本／中央精版印刷株式会社

編集／荻原華林

本書の無断複写複製は、著作憲法により例外を除き禁じられています。
また、私的使用以外のいかなる電子複写複製も認められておりません。
落丁・乱丁の場合はお取り替えいたします。
© Yuko Nishimura, 2017　Printed in Japan
ISBN 978-4-86389-386-3
JASRAC　出　170524031-01